Inhalt

Enterprise-Content-Management - eine Chance für den Mittelstand

Kernthesen

Beitrag

Fallbeispiele

Weiterführende Literatur

Impressum

Enterprise-Content-Management - eine Chance für den Mittelstand

C.Preissler

Kernthesen

- ECM ist in Großunternehmen bereits ein wichtiges Werkzeug um Geschäftsabläufe zu automatisieren und Prozesse einfacher und transparenter zu gestalten, nun zieht der Mittelstand nach.
- Vor der Einführung eines ECM Systems ist immer eine Analyse in detaillierten Schritten notwendig, um ein Scheitern der Systemeinführung zu vermeiden.
- Wer bei einer ECM Einführung starr an

veralteten Abläufen festhält, wird es schwer haben, den vollen Nutzen aus dem System zu ziehen.

Beitrag

Enterprise Content Management erobert schon seit vielen Jahren die Unternehmen dieser Welt und verhilft ihnen ihren Arbeitsalltag zu vereinfachen. In letzter Zeit ist das Thema erneut in den Focus geraten, da nun immer häufiger Pakete für Klein- und Mittelstandsunternehmen geschnürt werden müssen. (2)

Wofür Enterprise Content Management?

Enterprise Content Management oder kurz ECM dient in erster Linie dazu, in Unternehmen Prozesse und Abläufe zu vereinfachen und transparenter gestalten. Man kann die einzelnen ECM-Komponenten grundsätzlich fünf Kategorien zuordnen: Erfassung, Verwaltung, Speicherung, Ausgabe und Archivierung. ECM hilft Geschäftsabläufe zu automatisieren und die Suche nach Inhalten zu beschleunigen. Dabei laufen ECM-Systeme entweder als übergreifende unternehmensweite Datenbank oder sie verknüpfen bestehende Dokumentenspeicher über Portale. Hauptnutzen sind die Beschleunigung von Abläufen, damit einhergehend die Kostenreduzierung, die Optimierung von Kundenservice sowie die Verbesserung des Wissensaustauschs. (6)

Wie kann ein erfolgreiches ECM aufgebaut werden?

Häufig schrecken Mittelstandsunternehmen vor der ECM-Einführung zurück, weil sie nicht genau wissen, wo sie ansetzen sollen. Dabei kann die Berücksichtigung von sechs grundsätzlichen Schritten wesentlich dazu beitragen, Licht ins Dunkel zu bringen und an der richtigen Stelle anzusetzen. (3)

Im ersten Schritt sollte ein Projekt initiiert werden.
In dieser Phase legt das Unternehmen fest, in welchem Bereich das ECM eingesetzt werden soll, wer das Projekt angestoßen hat und wer dafür verantwortlich ist. Obwohl man noch am Anfang steht, ist es sehr wichtig zumindest einen groben Zeitplan zu stecken. Da bei mittelständischen Unternehmen ein ECM meist die gesamte Firma und nur selten einzelne Bereiche betrifft, ist dieser erste Schritt enorm wichtig für die Projektteambildung.

Man sollte hier nicht nur die IT Abteilung alleine daran arbeiten lassen, sondern vielmehr abteilungsübergreifend Kollegen mit einbeziehen. Was nützt es dem Unternehmen, wenn die IT Abteilung ein ECM-Programm startet, aber alle anderen Abteilungen nicht damit zurecht kommen? Hier ist Teamarbeit gefragt. Auch eine Erweiterung des in dieser Phase festgelegten Teams sollte nicht ausgeschlossen werden, ebenso wenig wie die Überlegung zu einem späteren Zeitpunkt einen externen Berater hinzuzuziehen.

Wichtig ist auch die Bedarfsermittlung vorab.
Bei der Bedarfsermittlung beschreibt der Kunde genau die aktuelle Unternehmenssituation und plant wohin das Projekt führen soll. Ziel ist es eine klare Ausarbeitung der potentiellen späteren Lösung darzustellen. Hierbei werden so genannte Bedarfslisten erstellt. Der Unternehmer sollte sich im Klaren sein, dass die Feststellung dieser Listen oft unterschätzt wird. Knackpunkt ist aber auch, dass oft zu viele "Wünsche" des Projektteams mit auf die Liste kommen und man sich so schnell verzettelt.

In der Analysephase wird die Bedarfsliste noch einmal auf Herz und Nieren geprüft und Lösungsvorschläge werden erarbeitet.
Dieser Schritt schützt vor falschen Entscheidungen, da hier die zu lösenden Probleme des Projektteams

konkretisiert werden. Auch ein vernünftiges Aufwand-Nutzen-Verhältnis muss geprüft werden. Diese Phase ist extrem wichtig für den weiteren Verlauf des Projekts. Die Praxis zeigt, dass viele Unternehmen diesen Schritt unterschätzen und am liebsten überspringen würden. Doch hier trennt sich schnell die Spreu vom Weizen, lieber Zeit und Geld in die Analysephase stecken, als zu einem späteren Zeitpunkt das Nachsehen zu haben.

Zur Umsetzung muss dann alles bis ins Detail ausformuliert sein.
Oft kommt man hier an den Punkt an dem man feststellt, dass schon kleine Lösungsschritte im Tagesablauf vorhanden sind, die in die ECM Umsetzung aufgenommen werden können. In dieser Phase werden auch Projektvertrag und der Vertrag über Wartung, Service und Betrieb des Systems geschlossen. Gerade in der Anfangsphase der Umsetzung ist wieder das Projektteam gefragt. Im Zuge der Umsetzung muss Wissen um das System aufgebaut werden, damit es später erklärt, genutzt und gesteuert werden kann.

Das Arbeiten mit der Lösung bringt neue Herausforderungen.
Wird das Programm dann im Unternehmen genutzt, sind sämtliche Schulungs- und Qualifizierungskonzepte an der Reihe. Jeder neue

Anwender des ECM Systems wird mit den optimierten Abläufen und Neuheiten vertraut gemacht. Hier tauchen, oft noch ein paar "Kinderkrankheiten" auf, die erst in der Anwendung in den einzelnen Abteilungen bemerkt werden. Feedbacks sollten in dieser Phase durchaus willkommen sein, da sie helfen, dass eingeführte System noch besser an den Ablauf anzupassen und zu optimieren.

Sobald die ECM Lösung stabil läuft, ist es Zeit eine abschließende Kontrolle durchzuführen. Auch hier ist das Projektteam gefragt. Es ist zu prüfen, ob der Zeitplan eingehalten wurde, alle Kollegen mit der Anwendung zufrieden sind und vor allem, ob wirklich Verbesserungen nach der Einführung zu bemerken sind. Hilfreich ist es immer, das gesamte Projekt ausführlich zu dokumentieren. So kann man, sollte man in Zukunft ein weiteres ECM Projekt starten wollen, auf Erfahrungswerte zurückgreifen und das neue Projekt schnell und sicher angehen. (3)

Welche Auswirkungen hat ein ECM auf die Unternehmen?

Durch ECM lassen sich nachweißlich Arbeitsabläufe optimieren. Die Organisation digitaler

Unternehmensdaten macht sämtliche Prozesse schneller. Die Datenredundanz sinkt und damit verschlanken sich die Prozesse. Im Ergebnis resultiert daraus meist eine enorme Kosteneinsparung: Arbeitszeit wird effizienter gestaltet, Kommunikationskosten werden reduziert und Materialkosten werden gesenkt. Darüber hinaus sind ECM Systeme in der Lage, Informationen schnell auffindbar zu machen und den Wissensaustauch zu optimieren. Aufwändige Datensuche durch falsch abgelegte Ordner oder Ähnliches entfällt.

Auch das Personalmanagement kann mitunter von ECM Lösungen profitieren. So können Firmen nach der Einführung ihre Personalstärke oft dadurch halten, dass viele Prozesse dank der Verschlankung vor einem Outsourcing verschont bleiben.

Häufig sind sich Unternehmen auch erst nach einer ECM Analyse wirklich im Klaren, was jeden Tag in ihrem Haus geleistet und bewegt wird und wo Handlungsbedarf liegt. Alleine diese Beschäftigung mit firmeninternen Abläufen, schafft mehr Transparenz und lässt häufig Probleme erkennen, die Anfangs nicht im Fokus standen, dann aber mitgelöst werden können. (2)

Welche Probleme gilt es mit der

Einführung von ECM-Systemen zu berücksichtigen?

Verbesserungen in firmeninternen Abläufen bedeuten immer auch Veränderung! Und oft ist es gerade für mittelständische Unternehmen mit erfahrenen Mitarbeitern nicht leicht alte Gewohnheiten aufzugeben. Wer bei einer ECM Einführung starr an veralteten Abläufen festhält, wird es schwer haben, den vollen Nutzen aus dem System zu ziehen. Natürlich sollten einem eingespielten Unternehmen nicht mit aller Gewalt Neuerungen aufgedrückt werden, dennoch ist eine gewisse Veränderung in den Abläufen meist nicht zu vermeiden. Natürlich kann es auch passieren, dass es in dem einen oder anderen Unternehmen nach der Analyse nicht sinnvoll ist, Abläufe elektronisch abzubilden. Das kann die unterschiedlichsten Gründe haben. Eins ist jedoch klar, kein Unternehmen ist zu klein für organisierte Prozesse.

Viele Firmen haben auch Angst, dass sie ihr neues System unbedingt an Ihre vorhandene Software koppeln müssen und sind deshalb in ihren Ideen zur Einführung und Umsetzung eines ECMs eingeschränkt. Hier sollte man sich auf keinen Fall durch bestehende Softwaresysteme aufhalten lassen. Vielmehr wird zu einem späteren Zeitpunkt vor der

Einführung die Software entsprechend an die verschlankten Prozesse angepasst.

Ein weiterer Hindernisgrund für die kleineren Unternehmen ist oft, dass Anbieter von ECM Systemen ihre Angebote wenig transparent gestalten und dass diese damit untereinander auch schlecht vergleichbar sind. Das stiftet oft Verwirrung und hält Firmen ab, in die eigentliche Planung zu gehen. Wer sich davor scheut, sich selbst durch die Angebote zu wühlen, sollte daher besser einen externen Berater zu Hilfe ziehen. (1)

Trends

Auch im modernen Mittelstand geht der Trend weg vom Papier hin zu elektronischen Lösungen. Um eines Tages den Standard eines papierlosen Büros zu erreichen, kann man auf ECM Lösungen nicht verzichten. Aktuell zeigt sich, dass schon viele mittelständische Unternehmen mit dem Gedanken spielen ECM Lösungen einzuführen, aber den letzten Schritt dazu doch noch nicht gewagt haben. Obwohl immer mehr Softwarefirmen diese Lösungen auch maßgeschneidert für kleinere Unternehmen anbieten, ist die Verunsicherung leider immer noch groß. Keiner will sich zu "früh" entscheiden und evtl. eine spätere praktischere Lösung verpassen. Doch

Anbieter von ECM Systemen bieten bereits in diesem Jahr mehr Transparenz als in den Jahren zuvor. So bieten größere Anbieter inzwischen beispielsweise bereits kostenlose Webcasts an, an denen sich Interessenten mit Praxisbeispielen orientieren können. Da ECM Anbietern weiterhin auf diesen Bereich setzen, deutet alles darauf hin, dass auch mittelständische Unternehmen auf dem besten Weg dorthin sind, ihre Abläufe zu verbessern und ECM Lösungen nach und einzuführen. (4), (5)

Fallbeispiele

Mit der Initiative "ECM jetzt" ist inwischen auf dem Markt eine Allianz von mehreren ECM- Herstellern vertreten. Darunter unter anderem: d.velop, ELO Digital Office und SER Solutions Deutschland. "ECM jetzt" stellt das Nutzenpotenzial für Mittelständler dar und macht die Systeme transparenter. (5)

Auch Oracle hat mit der ECM Suite 11g wieder einmal einen neuen Standard gesetzt. Diese ECM-Technik ist eng mit der Oracle-Datenbank verbunden. Die Suite besteht aus folgenden neuen Modulen: Universal Content Management, Universal Records Management, Imaging und Process Management und Information Rights Management. Für Windows Explorer und Office gibt es schon

Verbesserungen. Momentan arbeitet Oracle noch an einer besseren Verzahnung mit dem OpenOffice-Büropaket, das durch die Sun-Übernahme ein Produkt Oracles geworden ist. Leider bestehen zum jetzigen Zeitpunkt noch Interoperabilitätsprobleme zwischen der ECM-Technik und OpenOffice, die aber demnächst behoben werden können. (7)

Eine Reihe von Unternehmen, die ECM Lösungen anbieten, haben bereits den Markt für Mittel- sowie Kleinunternehmen erkannt. Hier gibt es die Möglichkeit Einzelplatzprodukte zu nutzen. Anbieter sind hier beispielsweise Elo Office oder Paper Office 2009. Diese Programme halten die Kosten klein, da sie sich direkt auf einem eigenen PC installieren lassen. Mit einem spezielle Mittelstandspaket ab 12 000 Euro kann man ein ECM Projekt mit der Inxire GmbH starten; hier ist sogar schon eine Oracle Datenbank mit eingebaut. Ab 2011 möchte die Inxire GmbH auch Open-Source-Komponenten, sowie eine kostenfreie Community-Edition anbieten. (2)

Weiterführende Literatur

(1) ECM bedeutet Veränderung
aus Computerwoche, 02.08.2010, Nr. 31

(2) Dokumentenmanagementsysteme Sorgt für Platz
aus SteuerConsultant, Vol. 3, Heft 07/2010, S. 42-43

(3) Sechs Schritte zum erfolgreichen ECM-Projekt
aus Computerwoche, 17.05.2010, Nr. 20

(4) Webcast: ECM für SAP
aus Computerwoche, 14.06.2010, Nr. 24

(5) Homepage: ECM jetzt
aus Computerwoche, 14.06.2010, Nr. 24

(6) Content-Management-Systeme beschleunigen Geschäftsprozesse
aus is report, Heft 05/2010, S. 16-19

(7) Oracle unleashes ECM Suite 11g. Market News
aus KMWorld, United States (KMWORL), 19 (2010) 7
page 3

Impressum

Enterprise-Content-Management - eine Chance für den Mittelstand

Bibliografische Information der deutschen Nationalbibliothek

Die Deutsche Nationalbibliothek verzeichnet diese Publikation in der deutschen Nationalbibliografie; detaillierte bibliografische Daten sind im Internet über http://dnb.d-nb.de abrufbar.

ISBN: 978-3-7379-0368-4

© 2015 GBI-Genios Deutsche Wirtschaftsdatenbank GmbH, Freischützstraße 96, 81927 München, www.genios.de

Alle Rechte vorbehalten. Dieses Werk ist einschließlich aller seiner Teile – z.B. Texte, Tabellen und Grafiken - urheberrechtlich geschützt. Jede Verwertung außerhalb der Grenzen des Urheberrechtsgesetzes bedarf der vorherigen Zustimmung des Verlags. Dies gilt insbesondere auch für auszugsweise Nachdrucke, fotomechanische Vervielfältigungen (Fotokopie/Mikroskopie), Übersetzungen, Auswertungen durch Datenbanken oder ähnliche Einrichtungen und die Einspeicherung und Verarbeitung in elektronischen Systemen.